少林武术精粹系列丛书

少林刀术（四）

德虔　德炎　编著

北京体育大学出版社

责任编辑：孙运娟
责任校对：曹晓燕
版式设计：李　鹤

图书在版编目（CIP）数据

少林刀术. 四 / 德虔, 德炎编著. -- 北京 : 北京体育大学出版社, 2022.1
（少林武术精粹系列丛书）
ISBN 978-7-5644-3593-6

Ⅰ. ①少… Ⅱ. ①德… ②德… Ⅲ. ①少林武术－刀术(武术)－套路(武术) Ⅳ. ①G852.22

中国版本图书馆CIP数据核字(2022)第007626号

少林刀术（四）

SHAOLIN DAOSHU(SI)

德虔　德炎　编著

出版发行：北京体育大学出版社
地　　址：北京海淀区农大南路1号院2号楼2层办公B-212
邮　　编：100084
网　　址：http://cbs.bsu.edu.cn
发 行 部：010-62989320
邮 购 部：北京体育大学出版社读者服务部 010-62989432
印　　刷：北京昌联印刷有限公司
开　　本：880mm × 1230mm　1/32
成品尺寸：148mm × 210mm
印　　张：1.5
字　　数：35千字
版　　次：2022年1月第1版
印　　次：2022年1月第1次印刷
定　　价：10.00元

前　言

武术作为中国的国粹，是中华民族传统文化的组成部分。家喻户晓的少林武术便是其中极具代表性的门类，是中国武术的重要象征。

我社与少林武术结缘已久，伴随着时光的流逝，有多种内容、多样组合、各种形式的载有少林武术的出版物，源源不断地从我社注入市场，为方兴未艾的少林武术热潮平添了更高的热度。可以说，少林武术图书一直与我社相伴相随，成为我社具有长期出版价值的图书门类。其中，少林武术图书的编纂者——已故的王长青（法号释德虔）先生功不可没。他经年累月锲而不舍，寻于寺院、觅于乡间，挖掘出大量尘封的少林武术资料，继而分门别类梳理、整饬成一册册书稿，并与我社携手努力，打造出独树一帜的武术图书板块，为我社的武术图书出版打开了新局面。

今天，在着力弘扬中华优秀传统文化，树立和增强文化自信的大背景下，我社将以往出版的少林武术书籍重新进行了编排，以全新的面貌推出“少林武术精粹系列丛书”，这是我社多年来少林武术出版情结的延续，是对积累和沉淀的少林武术资源的再一次整合与展示，更紧密契合了时代的要求。

通过这套书，读者可以研习刚柔相济、闪转腾挪的少林功夫，可以感悟其中凝结的中华智慧，可以领略武术文化的博大精深……这便是我社对这套书出版价值的期待。

目 录

少林缠头刀 …………………………………………………… 1
少林双刀 ……………………………………………………… 25

少林缠头刀

动作名称

预备势
1. 双手开门
2. 鹿步鹤行交刀
3. 弓步劈刀
4. 转身撩刀
5. 海底捞月
6. 狮子张口
7. 叶里藏花
8. 白虎拦路
9. 连环缠头刀
10. 仙人指路
11. 左右横穿刀
12. 弓步缠头刀
13. 托碑献塔
14. 金鸡独立
15. 秦琼担刀
16. 叶里藏花
17. 白虎拦路
18. 白马奔川
19. 仙童亮刀
20. 罗汉担柴
21. 转塔藏花
22. 海底捞月
23. 狮子张口
24. 恶虎扑食
25. 金鱼亮背
26. 狮子张口
27. 弓步推刀
28. 罗汉藏刀
29. 叶里藏花
30. 注目述招
31. 顽童戏月
32. 独立彩棚
33. 跳步藏刀
34. 卧虎扑食
35. 朝天一炷香
36. 叶里藏花
37. 回头望月
38. 跳步劈刀
39. 火龙落地
40. 坐山刀势
41. 金牛卧地
42. 坐山架刀
43. 跃步交刀
收　势

动作图解

预备势

两脚成八字并立，左手抱刀，刀刃向前，刀尖斜向上，右手握拳，抱于腰间，身体挺直，目视前方。（图1）

1. 双手开门

右脚原地震脚，然后左手持刀由内向外画弧，右拳变掌，掌心向下，目视左侧。（图2）

图1

图2

2. 鹿步鹤行交刀

先抬左脚，后抬右脚，向前各上两步，同时左手握刀勒悬于胸前上方，刀刃向上，刀尖向左，右手抓握刀柄，两腿微蹲，目视刀尖。（图3）

3. 弓步劈刀

右脚向右移半步，两脚踝地，身体右转90度，右腿屈膝，左腿蹬直，

成右弓步，同时右手握刀由左向前下方劈，左掌由下向外向上画弧，架于头左上方，掌心向上，目视刀尖。（图 4）

图 3

图 4

4. 转身撩刀

两脚蹍地，身体左转 180 度，抬右脚向前上方弹踢，右手握刀由后随身势向前再向后上方撩，刀尖斜向上，目视右手。（图 5）

5. 海底捞月

右脚落在左脚前一步，抬左脚向前，与右脚成丁字步，两腿半蹲，右手握刀从右向左绕头转一圈，然后刀向前下方挽花，再贴地向左下方倒穿，刀尖向左后方，左手向后甩成勾手，目视右手。（图 6）

图 5

图 6

6. 狮子张口

抬左脚向前上一步，身体右转 90 度，右腿半蹲，左腿蹬直，成右弓步，右手持刀由左下方与左手同时会于胸前，然后两臂侧展，刀刃向上，刀尖向左，左手变成前勾手，目视左侧。（图 7）

7. 叶里藏花

两脚踢地，身体左转 90 度，两腿成左弓步，同时右手持刀绕头旋两周，然后刀藏于左臂后，左手向前上方直臂推掌，掌心斜向上，目视前方。（图 8）

8. 白虎拦路

右脚向前跳一步，左脚再向前跳一步，两腿仍成左弓步，同时右手持刀由左向右绕头云旋一周，然后向右侧砍劈，左掌向外平推，目视左掌。（图 9）

图 7

图 8

图 9

9. 连环缠头刀

两脚向前跳一步，然后提右膝，同时右手持刀由右向左连续云旋两次，再向后上方刺刀，刀刃向上，左手成勾手向后甩展，目视右手。（图 10）

10. 仙人指路

右脚落于左脚前一步，两腿成右弓步，右手持刀在头上从左往

右云旋一周，然后向前方撩刀，刀刃向下，刀尖向前，同时左手由后向前再向后甩，目视刀尖。（图 11）

图 10

图 11

11. 左右横穿刀

左脚前跳，右脚前移，两脚落成右虚步，右手握刀由右向左横穿，左手扶右手腕内侧，目视两手（图 12）；右脚踏实，两脚踝地，身体左转 180 度，收左脚为虚步，两腿微绷，右手持刀随身绕头云旋一周，然后向身体左侧穿刀，左手由左向右扶于右手腕部，目视两手（图 13）。

图 12　　　　图 13

12. 弓步缠头刀

左脚向右旋跳，身体右转 180 度，两脚落成左横弓步，同时右手持刀在头上云旋一周，然后将刀向前横推，左臂屈肘向头上展掌，目视右侧（图 14）；两脚不动，身体稍向右转，右手持刀由左向右云旋半圈，然后抖肘担刀，使刀背落于右肩上，刀刃向上，左手向上架于头上右前方，掌心向外，目视右侧（图 15）。

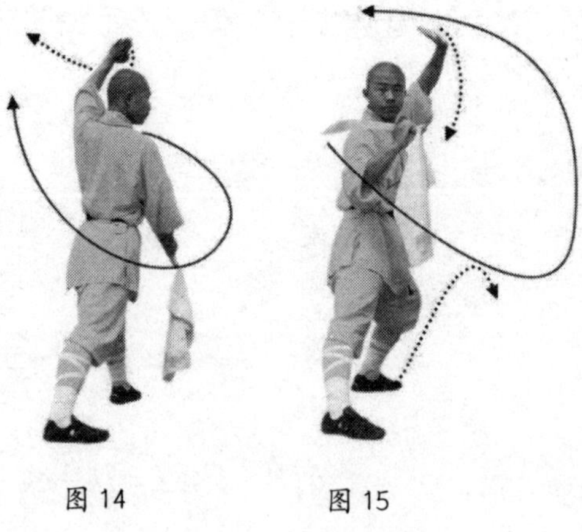

图 14　　　　图 15

13. 托碑献塔

提左膝，同时右手向上举臂推刀，刀刃斜向上，刀尖斜向后，左臂屈肘，向右横推出掌，掌心向右，目视前方。（图 16）

14. 金鸡独立

左脚落于右脚后一步，身体左转 90 度，震右脚，提左膝，刀随身势向胸前下方猛切，同时左手由下向上架于头上左侧，目视右下方。（图 17）

图 16

图 17

15. 秦琼担刀

左脚落于右脚左侧一步，再向右跳一步，两腿成右弓步，同时右手持刀由右向左绕头云旋一周，然后刀背落护于右肩后，左手向左侧甩掌，目视左手。（图 18）

16. 叶里藏花

左脚向前上一步，身体右转 90 度，两腿成左弓步，同时右手握刀先由左向右绕头云旋一周，再由右向左绕头云旋一周，然后藏于左腋下，刀尖向上，左手由外向上画弧，架于头上左前方，掌心斜向前，目视前方。（图 19）

图 18

图 19

17. 白虎拦路

两脚踉地，身体左转 180 度，提右膝，右手持刀在转身时由腋下向上绕头云旋一周，舞半花，刀落右肩，刀刃向上，然后左臂屈肘，左手向右推，目视前方(图 20)；右脚落于左脚前一步，两腿成右弓步，右手持刀由右向左绕头云旋一周，然后向胸前劈，左手由胸前向前成立掌推出，目视左手（图 21）。

图 20

图 21

18. 白马奔川

左脚向前踮跳一步，两腿仍落成右弓步，同时右手持刀向前猛穿，左手向后甩成勾手（图 22）；左脚向前上一步，抬右脚向前上方弹踢，右手持刀在右脚弹起时，绕腿下分别向左右方撩，左手向左上方推出，掌心向上，目视右脚（图 23）。

图 22

图 23

19. 仙童亮刀

右脚落于左脚前一步，左脚向前上步，成左虚步，两腿微蹲，右手持刀由右向左绕头云旋一周，然后向前倒锋推刀，刀刃向前，刀尖向下，左手扶于右手腕部，目视刀身。（图 24）

20. 罗汉担柴

左脚踏实，两脚踝地，身体右转 90 度，两腿屈膝成马步，右手持刀随身势在头上挽花，然后展臂担刀，同时左手向左展成勾手，勾尖向下，目视左手。（图 25）

图 24

图 25

21. 转塔藏花

两脚踝地，身体左转 90 度，两腿成左弓步，右手持刀由右向左撩，藏于左腋下，刀刃向外，刀尖向上，左手由下向上扬掌，上架于头上左侧，掌心向上，目视前方。（图 26）

22. 海底捞月

身体稍左转，左脚后收成虚步，再屈膝全蹲成歇步，右手持刀由前向下向内画弧，同时左手向左后方甩成勾手，目视前方。（图 27）

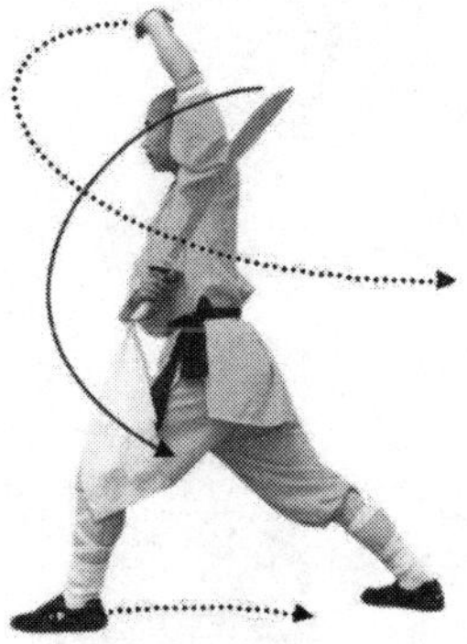

图 26

图 27

23. 狮子张口

右脚右移一步，两腿屈膝成右弓步，右手持刀与左手在胸前挽花，然后两臂同时向两侧展开，刀刃向上，刀尖斜向下，左手成勾手，勾尖向下，目视前方。（图 28）

24. 恶虎扑食

两脚跳起，身体右转 180 度，两腿落成左仆步，右手持刀随身势由右向左绕头云旋一周，右手反刀横卧于胸前左侧，左手扶于右手腕背部，刀尖向左，刀刃向上，目视刀尖（图 29）；然后，起身，身体左转 90 度，两脚向前跳一步，落成左弓步，同时右手持刀绕头云旋，然后左手扶于右手腕，向前刺刀，目视刀尖（图 30）。

图 28

图 29

图 30

25. 金鱼亮背

两脚蹍地，身体右转 90 度，两腿仍成左弓步，同时收右手，将刀斜架于头前，左臂屈肘，左手扶按刀背，头向右方摆，目视右侧（图 31）；然后，两脚不动，右手向头上前方推刀，刀刃斜向上，刀尖斜向左，左手由下向外向上架于头前上方，掌心向外，目视右侧（图 32）。

图 31

图 32

26. 狮子张口

两脚蹍地，身体右转 90 度，抬右脚退一步，收左脚为虚步，两腿半蹲，右手持刀随身势向前从上向下往后画弧，同时左手护于右手腕部，目视两手（图 33）；左脚向前上半步，成麒麟步，同时右手架刀与左手同时由胸前向两侧展撩，刀刃向上，刀尖向前，目视前方（图 34）。

图 33

图 34

27. 弓步推刀

两脚向前跳步，左脚落于右脚前一步，两腿成左弓步，右手持刀绕头云旋一周，然后纵刀向前猛推，左手向前，目视刀背。（图 35）

28. 罗汉藏刀

收左脚成丁步，两腿半蹲，同时右手持刀绕头旋一周，然后刀身向内护于右臂下，左手向后甩成勾手，目视右手。（图 36）

图 35

图 36

29. 叶里藏花

左脚退一步，身体左转 180 度，两腿成叉步，右手持刀随身势绕头云旋一周，两腿再蹲为歇步，右手持刀由右向左穿，藏于左腋下，刀刃向后，刀尖向上，左手向上推出，掌心斜向上，掌指向右，目视前方。（图 37）

30. 注目述招

起身，身体右转 90 度，变左脚为虚步，两腿半蹲，右手持刀绕头云旋一周，然后向前劈刀，左手由外向前，左臂屈肘推掌，目视前方。（图 38）

图 37

图 38

31. 顽童戏月

两脚踉地，身体右转 90 度，两腿成右弓步，同时右手持刀在胸前缠花，然后两臂侧展，右手上举，刀尖向左，左手成勾手，勾尖向下，目视左侧。（图 39）

32. 独立彩棚

两脚踉地，身体左转 90 度，右腿向上弹踢，右手持刀绕头云旋一周，然后向头后上方刺，左手向上托扶刀背，目视前方。（图 40）

图 39

图 40

33. 跳步藏刀

右脚不落地，左脚向前跳步，两腿落成左弓步，同时右手持刀绕头云旋一周，然后将刀由右向左侧后方穿，藏于左腋后，刀刃斜向上，刀尖向后，左手向前猛推，掌心向前，目视左手。（图 41）

34. 卧虎扑食

两脚向左旋跳 90 度，落成左弓步，同时右手持刀绕头云旋一周，然后向右偷刺，左手由右向左向上画弧，架于头上左侧，掌心向上，目视右侧。（图 42）

图 41

图 42

35. 朝天一炷香

起身，右脚不动，提左膝，右手持刀绕头云旋一周，然后由左向右摆刀，刀刃向前，刀尖向上，左臂屈肘，左掌护于右上臂内侧，目视刀身。（图 43）

36. 叶里藏花

左脚向左落一步，两脚踩地，身体左转 90 度，两腿成左弓步，右手持刀随身势绕头云旋一周，再由右向左撩刀，然后藏于左腋后，刀尖向上，左手由右向左向上画弧，架于头上前方，掌心斜向前，目视前方。（图 44）

图 43

图 44

37. 回头望月

两脚向前跳一步，右脚落于左脚前一步，成右弓步，右手持刀在胸前挽花，再向身体右侧斜劈，左臂屈肘，左掌向前推出，掌心向前，目视左手（图 45）；左脚向前上一步，成左弓步，右手持刀绕头云旋一周，然后向左撩刀，藏于左臂后，左手由下向上架于头上左侧，上体向右稍转，目视右侧（图 46）。

图 45

图 46

38. 跳步劈刀

两脚蹍地，身体右转 180 度，两腿成右弓步，右手持刀绕头云旋一周，再从身体右侧向前斜劈，左臂屈肘，左掌向前推，掌心向前，掌指向上，目视左掌。（图 47）

39. 火龙落地

两脚起跳，身体左转 180 度，落地后两腿成右弓步，右手持刀绕头云旋一周，然后向前直刺，左掌变勾手向后甩击，目视刀尖（图 48）；两脚向前跳一步，仍落成右弓步，右手持刀向左下方撩，再向右下方撩，然后将刀绕头云旋一周，再向右侧斜劈，左掌向前推出，掌心向前，目视左手（图 49）。

图 47

图 48

图 49

40. 坐山刀势

左脚向前上一步，身体右转 90 度，两腿半蹲成马步，同时右手持刀由右向左绕头云旋一周，然后向右推刀，刀刃向右，刀尖向上，左手由外向上画弧，架于头上左侧，掌心斜向上，目视刀身。（图 50）

41. 金牛卧地

两脚跳步，身体右转 180 度，转身后左腿全蹲，右腿跪地，同时右手持刀绕头云旋一周，然后沿胸左侧劈，刀刃向下，左手随身扶按刀背，目视左后方。（图 51）

图 50

图 51

42. 坐山架刀

起身，左脚移于右脚外侧一步，身体稍向右转，两腿半蹲成马步，同时右手持刀在胸前缠花，然后左手扶按刀背，双手把刀向上推，目视左侧（图 52）；两脚起跳，身体左转 90 度，两脚落成右弓步，同时右手持刀绕头云旋一周，顺势向前直刺，左手由内向外向上画弧，架于头上左侧前方，掌心向上，目视刀尖（图 53）。

图 52

图 53

43. 跃步交刀

两脚蹍地，身体左转 180 度，两腿成左弓步，右手持刀绕颈前向左横刺，左臂屈肘，左手向右护于刀前（图 54）；收右脚与左脚成并步，同时左手抓握刀柄向外画弧，然后背刀于左臂后，刀尖向上，右手由胸前向右上方摆手亮掌，掌心向上，目视前方（图 55）。

图 54

图 55

收　势

左手握刀与右手同时向上向内向下画弧，然后两臂下垂，身体挺直，目视前方。

少林双刀

动作名称

预备势

1. 蝴蝶双飞
2. 金鸡独立
3. 分心刺
4. 二郎担山
5. 腋下藏花
6. 老虎出洞
7. 双手扇扇
8. 左右云顶
9. 打虎势
10. 交替抡花
11. 左右云顶
12. 打虎势
13. 金鸡独立
14. 落地生根
15. 燕展翅
16. 云　顶
17. 打虎势
18. 蝴蝶扇风
19. 云　顶
20. 打虎势
21. 旋风脚
22. 撩阴刀
23. 滚身劈刀
24. 白蛇吐信
25. 腋下藏花
26. 金鸡独立
27. 坐山势

收　势

动作图解

预备势

两脚并步成八字，两腿直立，身体挺直，两手抱刀于臂前，刀尖向上，目视前方。（图 1）

1. 蝴蝶双飞

两手持刀同时向外挽花，然后向两侧前方抖臂刺刀，目视前方。（图 2）

接上动作，抬右脚向前稍上步，然后左脚向前上半步，两腿微蹲成左虚步，同时两手持刀向前向外往后再返前抡刀花。（图 3）

图 1

图 2

图 3

2. 金鸡独立

以右脚为轴，身体左转 90 度，抬左腿向前提膝，同时右手持刀向前撩，然后抽刀屈肘架于胸前，左手持刀向前展臂立刀，目视左刀。（图 4）

3. 分心刺

左脚向前落一步，抬右脚向前上一步，身体左转 90 度，两腿成马步，同时右手持刀向右平刺，左臂屈肘，左手向后掩刀，目视右刀。（图 5）

图 4

图 5

4. 二郎担山

以两脚为轴，身体左转 90 度，两腿成左弓步，同时左手持刀由后向前直刺，目视左刀尖。（图 6）

图 6

5. 腋下藏花

抬右脚向前上步，身体左转 90 度，两腿半蹲成马步，同时右手持刀随身向右后方斜砍，左手持刀随身向右掩于右腋下，目视右手。（图 7）

6. 老虎出洞

以两脚为轴，身体右转45度，两腿成右弓步，同时右手抽刀，再向右侧撩刀，左手持刀，左臂架于头上前方，目视前方。（图8）

图 7

图 8

7. 双手扇扇

抬左脚移于右脚后外侧，身体左转 180 度，同时两手持刀随身势挽花。（图 9）

接上动作，右脚向前上半步，同时两手持刀继续向两侧挽花。（图 10）

接上动作，左脚向前上半步，两手持刀继续向两侧挽花，目视

前方。（图 11）

图 9　　图 10　　图 11

8. 左右云顶

左脚向前上半步，再抬右脚移于左脚后外侧，身体右转 180 度，左手持刀随身势向上云旋于头上，右手向左屈肘掩刀，刀尖向后，目视前方。（图 12）

接上动作，身体右转 90 度，同时右手持刀由下向上云旋于头上，左手由上向下再向右掩刀，刀尖向下，目视前方。（图 13）

9. 打虎势

右脚向右跨半步，两腿成右横弓步，同时右手向右侧举臂拉刀，刀尖向左，左手掩刀不变，目视前方。（图 14）

10. 交替抡花

以两脚为轴，身体左转 90 度，两手持刀先由右向左再由左向右挽花。（图 15）

接上动作，右脚向前上一步，两手持刀由左向右再由右向左反复挽花，目视右刀。（图 16）

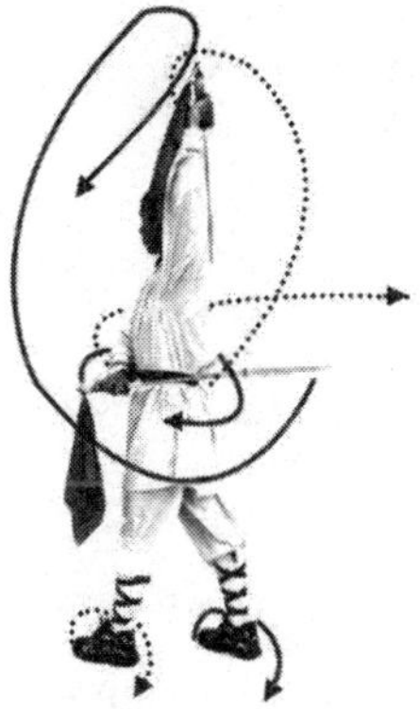

图 12

图 13

图 14

图 15

图 16

11. 左右云顶

左脚向前上一步，身体右转 90 度，左手持刀由下向上再向右云旋于头上，右手向左屈肘掩刀，目视前方。（图 17）

接上动作，右脚移于左脚后外侧，身体右转 90 度，同时右手由下随身向上云刀，高过于头，刀尖向下，左手向右掩刀，目视左前方。（图 18）

图 17

图 18

12. 打虎势

以两脚为轴，身体右转 90 度，两腿成右弓步，同时右手随身向右侧上方举臂架刀，左手向右屈肘掩刀，目视左侧。（图 19）

13. 金鸡独立

以两脚为轴，身体左转 90 度，抬左腿向前提膝，同时左手先向左前方劈刀，然后随提膝向上屈肘撩刀，右手随身举臂背刀，刀刃向后，目视前方。（图 20）

14. 落地生根

左脚向下落地，震右脚，同时两手握刀向前上方劈，然后再向下劈，两腿半蹲，目视双刀。（图 21）

图 19

图 20

图 21

15. 燕展翅

抬右脚向前弹踢，同时右手持刀由下向上再向前方猛刺，左手由下向上再向左后方展臂立刀，刀尖向上，目视右刀。（图22）

16. 云　顶

右脚向后落一步，身体右转 90 度，两腿成开步，同时左手随身向头上云刀，右手由前随身向左屈肘亮刀，目视右侧。（图 23）

图 22

图 23

17. 打虎势

右脚移于左脚后外侧，身体右转 720 度，两腿成右弓步，右手从下向上再向前云刀，刀尖横向左，左手向左屈肘掩刀，目视前方。（图 24）

18. 蝴蝶扇风

以两脚为轴，身体左转 180 度，右脚向前上一步，同时两手持刀向前往后再返前往后交叉抡花，目视前方。（图 25）

接上动作，左脚向前上半步，两手持刀向前交叉挽花，目视前方。（图 26）

接上动作，左脚向前上半步，两手持刀依然向前再向两侧交叉挽花，目视前方。（图 27）

图 24

图 25

图 26

图 27

19. 云　顶

以两脚为轴，身体右转 180 度，右脚向后倒一步，同时右手持刀随身向头上云旋一圈，左手向右屈肘掩刀，目视前方。（图 28）

20. 打虎势

右脚后退一步，身体右转 180 度，两腿成右弓步，同时右手由上向右举臂拉刀，刀尖向左，左手向右屈肘掩刀，目视前方。（图 29）

图 28

图 29

21. 旋风脚

以两脚为轴，身体左转180度，两腿成左弓步，同时左手向左撩刀，右手随身压刀，目视前方。（图 30）

接上动作，右脚向前上一步，右手向前抹刀，左手向右掩刀于右腋下。（图 31）

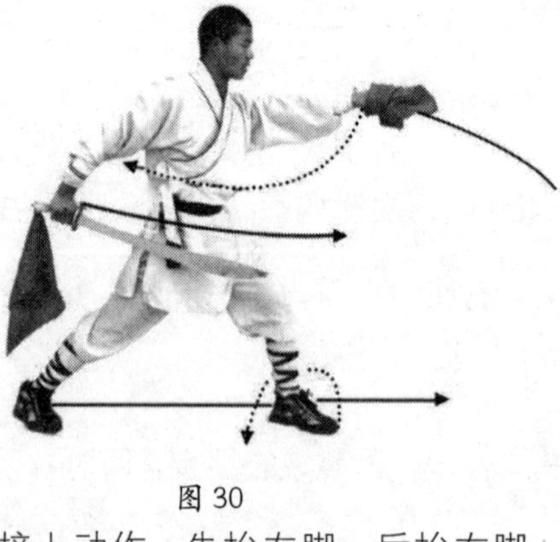

图 30

图 31

接上动作，先抬左脚，后抬右脚，向左转身（360 度）跳旋，

当全身腾空时，右腋夹住左刀，左手向上向右拍击右脚内侧。（图 32）

图 32

22. 撩阴刀

两脚落地后，右脚在前，左脚在后，同时左手向右接刀，与右手同时由下向前再向上撩刀。（图 33）

接上动作，左脚移于右脚后外侧，两腿半蹲，成叉步，同时两手由右向上再向左返右下方撩刀，目视双刀。（图 34）

图 33

图 34

23. 滚身劈刀

以两脚为轴，身体左转 180 度，同时两手随身势向前上方云刀。（图 35）

接上动作，身体左转 180 度，震两脚，屈膝全蹲，同时两手持刀由上向下劈，目视双刀。（图 36）

图 35

图 36

24. 白蛇吐信

身体左转 90 度，抬左腿提膝，同时右手持刀屈肘向右前方猛刺，左手持刀举臂上架，目视右刀。（图 37）

25. 腋下藏花

左脚向左下落一步，身体左转 90 度，两腿成左弓步，同时左手持刀向前劈，右手持刀藏于身后，目视左刀。（图 38）

图 37

图 38

接上动作，右脚向前上一步，身体左转90度，两腿成马步，同时右手持刀在头上云旋一圈，然后向右下方砍，左手向右掩刀，目视右刀。（图39）

26. 金鸡独立

右手持刀向头上云旋一圈，身体左转180度，抬右脚向前上一步，震脚，抬左腿提膝，同时右手向右侧下方劈刀，左手抱刀于胸前，目视右刀。（图40）

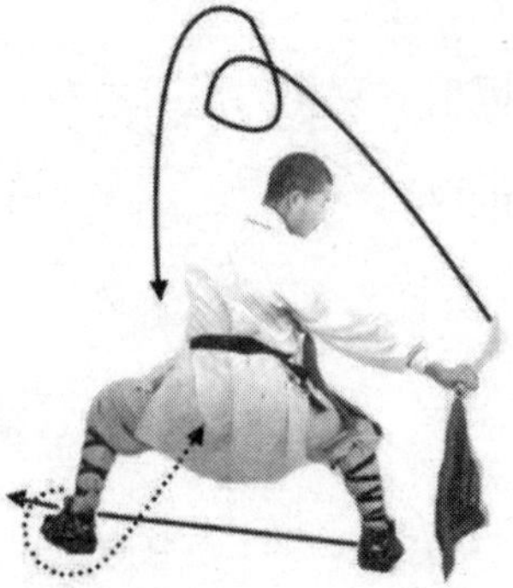

图 39

图 40

27. 坐山势

左脚向左落地，两腿屈膝半蹲成马步，同时右手由下向上举臂架刀，左手抱刀于胸前，目视左侧。（图 41）

图 41

收　势

收右脚与左脚并步，同时右手持刀由上向下与左手持刀由右向左画弧，然后垂臂沉刀，身体挺直，目视前方。